Timo Bahlo

Reformation - wie hat sie Europa verändert?

GRIN Verlag

Bibliografische Information der Deutschen Nationalbibliothek:

Die Deutsche Bibliothek verzeichnet diese Publikation in der Deutschen National-
bibliografie; detaillierte bibliografische Daten sind im Internet über http://dnb.d-
nb.de/ abrufbar.

Impressum:

Copyright © 2011 GRIN Verlag, Open Publishing GmbH
Druck und Bindung: Books on Demand GmbH, Norderstedt Germany
ISBN: 978-3-640-96010-1

Dieses Buch bei GRIN:

http://www.grin.com/de/e-book/175116/reformation-wie-hat-sie-europa-veraendert

GRIN - Your knowledge has value

Der GRIN Verlag publiziert seit 1998 wissenschaftliche Arbeiten von Studenten, Hochschullehrern und anderen Akademikern als eBook und gedrucktes Buch. Die Verlagswebsite www.grin.com ist die ideale Plattform zur Veröffentlichung von Hausarbeiten, Abschlussarbeiten, wissenschaftlichen Aufsätzen, Dissertationen und Fachbüchern.

Besuchen Sie uns im Internet:

http://www.grin.com/

http://www.facebook.com/grincom

http://www.twitter.com/grin_com

Inhaltsverzeichnis

1. Einleitung

Es war der Abend vor dem Allerheiligenfest des Jahres 1517, als der gelehrte Mönch an die Pforte der Schlosskirche trat. Mit entschlossenem Blick nahm er das Schriftstück, das er in den Nächten zuvor wütend verfasst hatte, und schlug es ans Portal des Wittenberger Gotteshauses. „Da unser Herr und Meister Jesus Christus sagte: ‚Tut Buße' u.s.w., wollte er, dass das ganze Leben der Gläubigen Buße sein sollte!" – dieser ersten folgten noch weitere 94 Thesen, in denen Luther die Verruchtheit der Amtskirche anprangerte. Weder der junge Mönch, noch die wenigen Wittenberger, die das Thesenplakat zur Kenntnis nahmen, konnten die Tragweite ahnen, die dieses Ereignis für den Fortlauf der deutschen und europäischen Geschichte haben sollte. Der Thesenanschlag zu Wittenberg bildete den offiziellen Auftakt für das Zeitalter der Reformation, die innerhalb kürzester Zeit die christliche Kirche spaltete. Die Reformation wirbelte die historische Landkarte Europas durcheinander, lieferte Zündstoff für zahlreiche verheerende Kriege und bildete den Grundstein für eine neue politische, wirtschaftliche und soziale Ordnung Europas.

Die folgende Dokumentation geht der Frage auf den Grund: Wie hat die Reformation Europa verändert? Um diese Frage zu klären, sollen folgende Dinge geklärt werden: Wie konnte es zu dem Ereignis der Reformation kommen? Wo liegen die Vorläufer und die Ursachen dieser Bewegung? Wie genau verlief sie, welches waren die entscheidenden Ereignisse und Strömungen? Welche historischen Persönlichkeiten spielten dabei eine Rolle? Und welchen Einfluss nahmen die Ergebnisse dieser historischen Epoche auf die weitere Entwicklung der europäischen Länder und Nationen?

Nachdem die wichtigen Fragen erwähnt wurden, soll kurz darauf eingegangen werden, wie diese im Verlauf der Dokumentation beantwortet werden sollen. Zuerst soll der Blick auf das Europa bzw. Deutschland des 15./16. Jahrhunderts gerichtet werden. Auf diese Weise lässt sich verstehen, wieso es zu der Reformation kommen konnte und vielleicht sogar musste, denn jeder geschichtliche Wandlungsprozess lässt sich nur in einem größeren Zusammenhang begreifen. Nachdem diese Ursachen und Bedingungen geklärt wurden, sollen die Hauptereignisse mehr oder weniger chronologisch aufgezeigt werden. Dabei muss natürlich an erster Stelle auf das Wirken des oben bereits erwähnten Reformators Martin Luther erwähnt werden. Allerdings spielten auch weitere Namen, wie z.B. Johannes Calvin für den weiteren

Verlauf der Reformation eine große Rolle. In einem weiteren Punkt soll erläutert werden, welche Auswirkungen die Reformation auf die konfessionelle Landschaft Europas hatte und wie die katholische Kirche, die ja oberster Adressat der Kritik der Reformatoren war, damit umging und darauf reagierte. Am Schluss dieser Dokumentation steht dann eine Einschätzung darüber, welchen Einfluss die Umwälzungen der Reformation noch auf die heutige politische Gestaltung Europas nahmen. An diesen Hauptteil schließt sich dann ein methodischer Teil an, in dem die Vorgehensweise dieser Dokumentation dargelegt und reflektiert wird.

Bei dieser Dokumentation wird zum kleinen Teil auf Quellen aus dem Internet zurückgegriffen, z.B. historische Texte und historisches Kartenmaterial. Nebenbei wird das eine oder andere geschichtliche Werk als Quelle benutzt, wie z.B. die „Geschichte der Reformation" des Autors Robert Stupperich oder der historische Band „Zeitalter der Reformation, eine Welt im Übergang" von Volker Leppin. Eine ausführliche Liste der verwendeten Quellen findet sich im Anhang dieser Dokumentation.

2. Hauptteil

2.1 Vorläufer und Ursachen der Reformation

Die Reformation begann nicht erst am 31.10.1517. Zwar markiert Luthers Thesenanschlag den offiziellen Auftakt für die Epoche, jedoch bahnte sich diese bereits seit einiger Zeit an. In diesem ersten Teil der Dokumentation sollen die Vorläufer der Reformation beleuchtet werden. Dazu zählt vor allem der Aufbruch in die Neuzeit, der besonders in der italienischen Renaissance und den geistigen Strömungen des Humanismus deutlich wurde. Renaissance und Humanismus markierten das Ende des Mittelalters und das Eintreten der Menschheit in eine neue Epoche. Diese war vor allem geprägt durch ein völlig neues Menschenbild, welches in erster Linie durch die geistige Tradition der Antike inspiriert war. Während Humanisten, wie Erasmus von Rotterdam die Schriften der griechischen Philosophen wiederentdeckten, ahmten große Renaissance-Künstler, wie Leonardo da Vinci die bildende Kunst der römischen und griechischen Antike in ihren Werken nach[1]. Den Mittelpunkt dieser „Wiedergeburt" (deutsche Übersetzung von Renaissance) der Antike bildete der Mensch, das Individuum. Genau darin lag der bedeutame Unterschied zum Mittelalter, das durch unbedingte Autorität der Kirche geprägt war. Stupperich fasst diesen Wandel wie folgt zusammen: „Renaissance und Humanismus begünstigten die Entfaltung des Individuums gegenüber der Masse. Der Einzelne fasst Gelegenheit, seine Persönlichkeit auszuprägen. Seine Selbständigkeit wurde größer gegenüber den Ständen, der Gesellschaft, der Kirche"[2].

Weiterhin war der Aufbruch in die Neuzeit mit einem radikal neuen Weltbild verbunden. Seit dem späten 15. Jahrhundert hatten die großen Entdeckungen stattgefunden. Columbus fand den Seeweg nach Indien, wobei sich dieses Indien später als ein gänzlich neuer Kontinent herausstellte. Damit setzte sich aber allmählich die Überzeugung durch, dass die Erde ein runder Planet sei, der darüber hinaus nicht das Zentrum des Universums bildete. Spätestens seit den Erkenntnissen des Astronomen Nicolaus Kopernikus konnte das heliozentrische Weltbild nicht mehr von der Hand gewiesen werden[3]. Die Kirche

---

[1] Vgl.: Müller, Helmut M.: „Schlaglichter der deutschen Geschichte. Sonderausgabe für die Landeszentralen für politische Bildung." Mannheim: Brockhaus Verlag 2002, S. 91f.
[2] Stupperich, Robert: „Die Reformation in Deutschland". München: Deutscher Taschenbuch Verlag 1972, S. 7
[3] vgl.: ebd., S. 12

und die von ihr verwaltete Wahrheit waren natürlich von solchen Bahn brechenden Erkenntnissen schwer in Mitleidenschaft gezogen. Das kirchliche Weltbild, geprägt durch das Dreigestirn Erde, Himmel und Hölle, begann mächtig zu wackeln. Nicht zuletzt auch deswegen, weil die Kirche bei der Bevormundung des Menschen zu weit gegangen war und sich von ihrer seelsorgenden Aufgabe für die Menschen zu sehr entfremdet hatte. Das Mittelalter hatte der Bevölkerung arg

mitgespielt: Kriege und vor allem die in Europa wütende Pest machte das irdische Leben der Menschen zur Hölle. Der Bedarf an Trost im Glauben war da, aber die katholische Kirche in Rom konnte diesen Trost kaum spenden. Denn deren Würdenträger nutzten das Leid und die Unsicherheit der Menschen in erster Linie aus, um sich daran zu bereichern.

Nicht zuletzt aus diesem Grunde war die Reformation vor allem eine religiöse Bewegung, die sich gegen die Missstände der Amtskirchen und des Amtsmissbrauchs hoher geistlicher Würdenträger, wie dem Papst, wandte. Was sie anstrebte, war eine Reform an Haupt und Gliedern[4]. Dieses Aufbegehren resultiert auch aus dem neuzeitlichen Menschenbild. Denn die Beziehung des einzelnen Menschen, des Individuums zu Gott wurde im Sinne des Humanismus nun auch individueller und vor allem diesseitiger interpretiert. Das Leben des Menschen war nicht mehr nur ein kurzer, schmerzvoller Aufenthalt im Vorhof zur Hölle oder zum Paradies, sondern der Mensch wurde als Höhepunkt der Schöpfung gesehen, der selbst mit wertvollen Fähigkeiten und schöpferischem Talent ausgestattet war. Und so wurde das Diesseits wieder wichtiger. Das Diesseits aber war im späten Mittelalter vor allem dadurch geprägt, dass die Kirche ihr Machtmonopol über das Heil der Menschen gnadenlos ausnutzte. Der spätmittelalterliche Klerus war nichts anderes als ein gigantischer Finanzapparat, dessen Interessen meist darin bestanden, Reichtum und weltliche Macht auszudehnen. Die Beziehung zwischen Mensch und göttlichem Schöpfer war der Kirche weitgehend gleichgültig. Genau dies kritisierten frühe Reformatoren, wie z.B. der englische Theologe John Wyclif (1330-1384) und der böhmische Priester Jan Hus (1369-1415). Die anklagenden Schriften dieser beiden waren auch für die von Wittenberg ausgehende Reformation sehr bedeutend.

Um diese allerdings zur Kenntnis zu nehmen, war vor allem eine technische Erfindung bzw. Erneuerung von ganz entscheidender Bedeutung. Um das Jahr

---

[4] vgl.: Müller 2002, S. 92f.

1450 erfand Johannes Gutenberg in Mainz die Kunst des Buchdrucks mit beweglichen Lettern. Dies bildete den vielleicht entscheidenden Moment für den Übergang vom Mittelalter in die Neuzeit, denn diese Erfindung ermöglichte eine beliebige Vervielfältigung von Schriften aller Art. Schriftliches Wissen lagerte nun nicht mehr in staubigen Klosterbibliotheken, sondern wurde nach und nach der breiten Bevölkerung zugänglich und sorgte für eine zunehmende und sich rasant beschleunigende Verbreitung neuer und, wie im Fall der Reformation, umwälzender schriftlicher Ideen[5]. Auf die Rolle des Buchdrucks bei der Ausbreitung der Reformation soll in einem späteren Abschnitt noch eingegangen werden.

Als letzte Ursache müssen an dieser Stelle noch bestimmte politische Konstellationen angeführt werden. Denn der Erfolg einer revolutionären Bewegung wie der Reformation, ist immer auch

auf bestimmte Randbedingungen angewiesen. In diesem Fall sind folgende Aspekte zu erwähnen: das Heilige Römische Reich, zu dem ja auch die späteren Schauplätze der Reformation gehörten, befand sich zum Zeitpunkt der Ausbreitung der Reformation in kriegerischen Auseinandersetzungen. Auf der einen Seite musste Kaiser Karl V. sich gegen Frankreich zur Wehr setzen, auf der anderen Seite bedrohten die im Osten vorrückenden Türken die Reichsgrenzen[6]. In beiderlei Hinsicht war der Kaiser auf die Unterstützung der Reichsstände, also der einzelnen Landesfürsten angewiesen. Dies kam der Reformation entgegen, da die Landesherren dadurch die Reformation stützten, denn sie bot ihnen die Möglichkeit der Machterweiterung gegenüber dem Kaiser. Außerdem waren dem Kaiser in seiner Allianz mit dem Papst die Hände gebunden, denn eine innere Bekämpfung der aufbegehrenden Kurfürstentümer hätte die äußere Stabilität des Reichs womöglich stark geschwächt. Womöglich lag in dieser politischen Konstellation die Hauptursache für die Durchsetzung der Reformation mit der Kirchenspaltung als Ergebnis. Wie genau es dazu kam, soll auf den folgenden Seiten erläutert werden.

2.2 Verlauf, Strömungen und Ausbreitung der Reformation

Wie bereits in der Einleitung erwähnt, bildet Luthers Anschlag von 95 Thesen in Wittenberg 1517 den historischen Auftakt zur Reformation. Was war

---

[5] vg.: ebd., S. 90f.
[6] vgl.: Müller 2002, S. 99f.

geschehen? In jenem Herbst des Jahres 1517 zog ein Dominikanermönch namens Tetzel im Auftrag von Papst Leo X. durch die mitteldeutschen Ländereien. Sein Auftrag: der Verkauf von Ablässen zur Finanzierung des Baus des Petersdom in Rom. Dieser Tetzel war ein überaus rhetorisch talentierter Verkäufer, der nach dem Motto: „Sobald das Geld im Kasten klingt, die Seele aus dem Fegefeuer in den Himmel springt!"[7] den Leuten das Geld aus der Tasche zog. Diese Praxis des Ablasshandels zum Zweck der weltlichen Bereicherung des römischen Klerus war dem Wittenberger Professor Martin Luther seit längerem ein Dorn im Auge. Und so formulierte er seine Kritik am Ablasshandel in prägnanten Thesen, ließ diese in deutscher Sprache drucken und unter deutschen Gelehrten vervielfältigen. Die Anschauungen Luthers stießen auf Begeisterung, schnell sprach sich sein Name herum. Auch bis nach Rom, wo schnell der Ruf nach Ketzerei laut wurde. Mehrfach wurde Luther aufgefordert, seine Thesen und Schriften zu widerrufen, was der renitente Gelehrte aber immer wieder ablehnte, wusste er doch einerseits das sehr von ihm beeindruckte Volk, sowie den starken Kurfürsten von Sachsen Friedrich III, genannt der Weise hinter sich. Nachdem sich Luther auch 1521 auf dem Reichstag zu Worms weigerte, seine Lehren zu widerrufen, verhängte Kaiser Karl V. im so genannten „Wormser Edikt" die Reichs-acht über ihn. Zum Schutz ließ ihn der sächsische Kurfürst auf die Wartburg bringen, wo er sich inkognito als Junker Jörg einquartierte und sich daran machte, die Bibel ins deutsche zu übersetzen. Bis 1522 hatte er das Neue, bis 1534 das Alte Testament in eine sehr volksnahe und verständliche Sprache übersetzt. Scheuch erläutert: „Durch die Verwendung der sächsischen Kanzleisprache, die wiederum auf die vom Habsburgerhof gebrauchte Schriftsprache zurückging, trug er wesentlich zur Verbreitung einer einheitlichen neuhochdeutschen Umgangssprache bei"[8]. Viele Wortschöpfungen und Metaphern Luthers wurden gängiger Bestandteil des deutschen Wortschatzes. Somit wird in dieser Leistung Martin Luthers die Geburtsstunde eines deutschen Nationalbewusstseins gesehen.

Während Luther auf der Wartburg weilte, brach die Reformation erst richtig los. Durch die massenhafte Verbreitung seiner kirchenkritischen Schriften, allen voran die Schrift „Von der babylonischen Gefangenschaft der Kirche", brachen in vielen deutschen Ländern tumultartige Aufstände aus. Die Reformation

---

[7] Stupperich 1972, S. 55
[8] Scheuch, Manfred: „Historischer Atlas Deutschland. Vom Frankenreich zur Wiedervereinigung. In Karten, Bildern und Texten." Wien: Brandstätter Verlag 2008, S. 65

radikalisierte sich. Ging es Luther bei einer Reformation der römischen Kirche in erster Linie um ein neues unmittelbareres Verhältnis des gläubigen Christen zu Gott und einer dementsprechenden Neuordnung der kirchlichen Institution, trachteten seine ehemaligen Wittenberger Wegbegleiter nach einem radikalen Umsturz. Nach und nach schafften sie das Zölibat ab, reformierten das Abendmahl und begannen Reliquien und religiöse Bilder gewaltsam aus den Kirchen zu entfernen. In und um Wittenberg kam es zu bürgerkriegsartigen Tumulten. Als Luther davon hörte, kehrte er zurück und setzte dem Treiben ein Ende, indem er zwar die Reformation verteidigte, die Bevölkerung aber zu gemäßigtem und vor allem gewaltfreien Handeln aufrief. 1525 führte Albrecht von Brandenburg als erster Landesherr offiziell die evangelische Lehre ein. Luthers Lehren inspirierten auch die Bauern von Thüringen bis nach Südwestdeutschland in den Jahren 1524 bis 1526 zu ihrem großen Aufstand, wobei sich Luther von dem gewaltsamen Aufstand der Bauern unter Thomas Müntzer distanzierte. Auch diese fehlende Rückendeckung der sozialrevolutionären Anliegen der Bauern durch die evangelischen Geistlichen war es, die dazu führte, dass der Bauernkrieg mit einer vernichtenden Niederlage für die Aufständischen endete[9].

Denn was Luther antrieb, war keine sozialpolitische Revolution in deutschen Landen, sondern einzig und allein eine Reform der Kirche und der kirchlichen Lehre. Innerhalb eines Jahrzehnts hatten sich die Ansichten Luthers so weit ausgebreitet, dass viele Reichsstände sich offiziell der evangelischen Lehre zuwenden. Auf dem Reichstag zu Speyer im Jahr 1529 wollte Kaiser Karl V. dem Treiben ein Ende bereiten und ein für alle Mal klarstellen, dass die aufrührerischen Lehren Luthers in seinem Reich nicht geduldet werden. Von den anwesenden Reichsständen

legten sechs Landesfürsten und 14 Reichsstädte Protest ein, seitdem nennt man die evangelische Reformationsbewegung offiziell Protestanten. Spätestens mit dem Nürnberger Religionsfrieden 1532 war der Protestantismus notgedrungen auch durch den Kaiser anerkannt und konnte sich fortan ungehindert ausbreiten.

Ausgehend von Wittenberg trat der Protestantismus seinen Siegeszug durch Nord- und Mitteleuropa an. Besonders großen Anklang fanden die reformatorischen Ideen zunächst in Dänemark, Norwegen, Schweden und der Schweiz. In Genf wirkte mit Johannes Calvin ab den 1530er Jahren, die neben

---

[9] vgl.: Müller 2002, S. 100

Luther zweite für den Fortlauf der Reformation wichtige Persönlichkeit. Der gebürtige Franzose Jean Cauvin musste aus Paris fliehen und stieß in Genf mit seinen Lehren auf offene Ohren. Bald wurde Genf, nach Wittenberg zur zweiten Hauptstadt des Protestantismus. Das Besondere an der Calvinschen Lehre war der Glaube an die Prädestination. Da die Bewegung der Calvinisten für die weitere Ausbreitung der Reformation, besonders in den Niederlanden und England von großer Bedeutung war, soll auf diese Prädestinationslehre kurz eingegangen werden. Müller beschreibt diese als eine „Auffassung, dass Gott die Menschen nach seinem souveränen, unerforschlichen Ratschluss zum ewigen Leben oder zur ewigen Verdammnis bestimmt habe"[10]. Im Gegensatz zur lutherischen Auffassung, dass ein Mensch durch gottgläubige Lebensführung die Gnade Gottes erlangen kann, predigte der Franzose Calvin, dass das jenseitige Schicksal eines Menschen, also ob er ins Paradies oder in die ewige Verdammnis kommen würde, bereits vor der Geburt feststeht. Allerdings kann irdischer Erfolg, sei es durch die Erlangung von materiellem Reichtum oder gesellschaftlichen Ansehen, ein göttliches Zeichen für die Auserwähltheit sein. Kurz gesagt: Derjenige, der ein frommes Leben führt, viel arbeitet, sparsam lebt und dadurch Reichtum anhäuft, kann diesen Reichtum als ein Zeichen dafür ansehen, dass seine Seele nach dem Tod in den Himmel wandert. Ablass und Beichte werden somit auch in der Lehre Calvins überflüssig. Die Ideen Calvins breiten sich vor allem ab den 1540er Jahren stark aus. Mit dem Nebeneffekt, dass in den calvinistischen Regionen ein wirtschaftlicher Aufschwung einhergeht, denn Reichtum war ja Indiz göttlicher Vorsehung. Der calvinistische Protestantismus gilt daher auch als Motor der Durchsetzung des modernen kapitalistischen Wirtschaftssystems, beruhend auf einem strengen Berufsethos und der Lockerung des Zinsverbots.

Mit der evangelisch-lutherischen und der evangelisch-reformierten (Calvin) sind die wichtigsten religiösen Reformationsströmungen genannt. Erstere breitete sich besonders in Nord- und Mitteldeutschland, sowie in den skandinavischen Ländern aus. Zweite strahlte besonders auf den westeuropäischen Raum aus. In Frankreich nannte man die calvinistischen Protestanten Hugenotten (in Anlehnung an die Bezeichnung „Eidgenossen" für die Schweizer). Zwischen den

Katholiken und den Hugenotten kam es in Frankreich im Verlauf des 16. Jahrhunderts zu gewalttätigen Auseinandersetzungen, die im Jahr 1572 im

---

[10] Müller 2002, S. 102

Blutrausch der „Bartholomäusnacht" gipfelten, der über 10.000 französische Protestanten zum Opfer fielen[11]. Auch anderswo kam es zu blutigen Verfolgungen der protestantischen „Ketzer" durch die katholischen Monarchen. Besonders grausam war die Unterdrückung in den niederländischen Provinzen, die zum Habsburger Reich gehörten. Dort breitete sich der Calvinismus stark aus, was den Habsburger Machthabern ein Dorn im Auge war. Die zum Teil sehr blutigen Auseinandersetzungen führten schließlich zur Unabhängigkeit der Niederlande.

Auch in England fand besonders die Reformbewegung Calvins großen Anklang. Wobei eingeräumt werden muss, dass in Großbritannien ganz andere Ursachen für die Ausbreitung der Reformation lagen. In England kam es nämlich aus ganz persönlichen Machtinteressen zum Bruch mit der katholischen Kirche. Die Ehe des Königs Heinrich VIII. mit seiner Frau Katarina von Aragon war unfruchtbar. Daher wollte der Herrscher, der sich nach einem Thronfolger sehnte, die Ehe päpstlich annullieren lassen, was jedoch aus Rom verweigert wurde. Daraufhin brach Heinrich mit der römisch-katholischen Kirche, heiratete seine schwangere Geliebte Anne Boleyn und gründete seine eigene, die anglikanische Staatskirche. Nach dem Ende der Regentschaft Heinrich VIII., der im Zuge des Bruchs mit der katholischen Kirche, Kirchenbesitz in weltlichen Besitz überführte, kam es, wie auch im restlichen Europa zu einem Hin und Her, was die religiöse Ausrichtung betraf. Erst unter Elisabeth I. setzte sich der Anglikanismus dann endgültig in England durch[12].

2.3 Ergebnisse der Reformation

Abschließend sollen in diesem Kapitel nun die wesentlichen Ergebnisse der Reformation aufgezeigt werden, die für den Fortlauf der europäischen Geschichte entscheidend waren. Zunächst wird auf die so genannte Gegenreformation eingegangen. So bezeichnete man die Neuerungen, welche die römisch-katholische Kirche als Reaktion auf die Reformations-bewegungen durchsetzte. Denn die musste bald einsehen, dass der Siegeszug der evangelischen Reformen nur durch einen inneren selbst gestalteten Wandel aufzuhalten war. Also berief der Papst 1546 das Konzil zu Trient. In drei

---

[11] vgl.: Leppin, Volker: „Das Zeitalter der Reformation. Eine Welt im Übergang." Darmstadt: Konrad Thessis Verlag 2009, S. 128
[12] vgl.: ebd., S. 128ff.

Perioden tagte dieser Reformbeitrag bis zum Jahr 1563. Ziel war die Stärkung der katholischen Lehre, wobei man theologische Streitpunkte in Reformdekreten auf einen Nenner brachte: „Eines regelte die Ernennung der Bischöfe durch den Papst, ein anderes legte die Amtspflichten der Kirche genau fest und verbot

Häufung und Kauf kirchlicher Ämter. Die Zahl der Sakramente wurde auf sieben festgelegt"[13]. Mit der Durchsetzung der Reformen des Konzils wurde der Jesuitenorden beauftragt. Als Ergebnis dieser Gegenreformation konnten viele europäische Ländereien, wie z.B. Frankreich, Polen, Böhmen, Belgien und weite Teile Süddeutschlands wieder für den Katholizismus zurück gewonnen werden. Und das dauerhaft, so dass der Grundstein für die heutige Ausbreitung des Katholizismus in Europa bereits damals gelegt wurde. Somit hat die Reformation und besonders auch die Gegenreformation die konfessionelle Landschaft Europas für Jahrhunderte entscheidend geprägt.

Ein weiterer wichtiger Schritt in der Epoche des Reformationszeitalters war der so genannte Augsburger Religionsfrieden. Bereits in den 1530er Jahren hatten sich die protestantischen Landesfürsten wegen der zunehmenden Bedrohung durch den Kaiser in einem Bündnis zum Schmalkaldischen Bund zusammengeschlossen. Besonders einflussreich in diesem Bündnis waren die Ländereien Sachsen, Brandenburg, Hessen und die Kurpfalz. Deren Landesherren hatten sich auf ein gemeinsames religiöses Bekenntnis, das so genannte Augsburger Bekenntnis geeinigt. Dieses Ereignis im Jahr 1530 bildete den Ausgangspunkt für die Konfessionsbildung, also für die Etablierung der evangelischen Lehre innerhalb vom Papst unabhängiger Landeskirchen. Dieses Bündnis evangelischer Landesfürsten musste sich allerdings jahrzehntelang in militärischen Auseinandersetzungen mit dem Kaiser behaupten. Im Jahr 1555 kam es dann zum Augsburger Religionsfrieden, in dem ein für alle Mal festgelegt wurde, dass jeder Landesfürst über die konfessionelle Ausrichtung in seinem Territorium bestimmen konnte. Das Motto war: „Cuius regio, eius religio" – auf gut deutsch: „Wessen Land, dessen Glaube". Andersgläubigen wurde das Recht eingeräumt, aus den Ländern auszuwandern. Als Ergebnis dieses Religionsfrieden kam es in den evangelischen Ländereien zu großflächigen Säkularisationsmaßnahmen, was bedeutet, dass ehemalige Besitztümer des katholischen Klerus in weltliche Besitztümer umgewandelt wurden, was

---

[13] Scheuch, Manfred: „Historischer Atlas Deutschland. Vom Frankenreich zur Wiedervereinigung. In Karten, Bildern und Texten." Wien: Brandstätter Verlag 2008, S. 66

natürlich die Macht und den Reichtum der jeweiligen Landesfürsten enorm vergrößerte. In dieser Enteignung klerikaler Besitztümer begründet sich auch die Wertschätzung vieler Landesfürsten gegenüber dem Protestantismus[14].

Dieser Religionsfrieden und die Etablierung der verschiedenen evangelischen Konfessionen als Kirchen markiert so etwas wie einen Wendepunkt in der Geschichte der Reformation. Von einer auf geistlicher Neuerung zielenden Bewegung war sie zum historisch-politischen Umbruch Europas geworden. Die wichtigsten Resultate waren natürlich religiöser Natur: in den protestantischen Regionen kam es zu einer totalen Abschaffung der kirchlichen Hierarchien. Ausgangspunkt dafür war u.a. Luthers Forderung nach einem Laienpriestertum. Denn er und auch andere Reformatoren sahen die heilige Schrift der Bibel als die einzige Glaubensgrundlage. Das Amt des Papstes als Mittler zwischen Gott und Mensch machte diese Auffassung überflüssig. Auf dieser protestantischen Auffassung der Schriftgläubigkeit fußen auch viele andere Neuerungen, wie z.B. der Abschaffung aller in der römisch-katholischen Tradition begründeten Sakramente, bis auf Taufe und Abendmahl, der Abschaffung der Beichtpraxis und des Ablasshandels, sowie die Abschaffung aller Traditionen, die sich nicht in der Bibel begründen.

Als politische Ergebnisse der Reformation sind vor allem zu nennen: eine Neuordnung Europas und eine Verschiebung der Machtrelationen. Das Heilige Römisch Reich Deutscher Nation war durch die konfessionelle Spaltung sichtlich geschwächt. Das hatte vor allem prägende Folgen für die Identität der Deutschen in Europa. Oder wie Schulze es formuliert: „Nicht nur politisch und konfessionell, sondern auch kulturell führten die Wege in Deutschland auseinander. Die katholisch gebliebenen Teile des Reichs, hauptsächlich der Westen und der Süden mit Ausnahme der meisten größeren Städte, gerieten in den Bannkreis der katholischen, gegenreformatorischen Kultur Südeuropas"[15]. Hierin liegt die deutsche Kleinstaaterei begründet, welche die deutsche Geschichte der weiteren Jahrhunderte prägte.

Weiterhin waren neue weit reichende Konfliktlinien bereits vorgezeichnet. Der Weg in einen großen Religionskrieg war praktisch unvermeidbar, was ja mit dem Ausbruch des besonders für Deutschland verheerenden Dreißigjährigen Krieges im Jahr 1618 auch Gewissheit wurde, auch wenn dieser lediglich am Anfang konfessionell motiviert war. Geschwächt allerdings war vor allem die

---

[14] vgl.: Müller 2002, S. 102f.
[15] Schulze, Hagen: „Kleine deutsche Geschichte. Mit Bildern aus dem Deutschen Historischen Museum." München: Verlag C.H. Beck 1996, S. 54

Macht der Kirche. Denn über Jahrhunderte als unumstößlich geltende Dogmen und Wahrheiten hatten sich als anfechtbar und falsch erwiesen. Der Staat löste sich von der Bevormundung durch kirchliche Autoritäten und baute seinen eigenen Machtanspruch aus, was ja in der Folgezeit zum europäischen Phänomen des Absolutismus führen sollte. Außerdem bildeten die vielen volkssprachlichen Bibelübersetzungen und deren massenhafte Verbreitung durch den Buchdruck, z.B. durch Luther in deutscher Sprache, den Ausgangspunkt für nationale Bewusstseinsströmungen, da sich die Menschen, die eine gemeinsame Sprache sprachen, mehr und mehr mit der Idee einer gemeinsamen Nation identifizierten. Außerdem wurden die Grenzen zwischen diesen sich allmählich herausbildenden europäischen Nationen immer noch entlang konfessioneller Grenzen gezogen, z.B. zwischen dem katholischen Belgien und den protestantischen Niederlanden. Eine weitere unmittelbare Wirkung auf die weitere Gestaltung der europäischen Geschichte hatte die Einführung der Zinswirtschaft, die besonders in den calvinistisch geprägten Regionen für ein großes Wirtschaftswachstum sorgte. Außerdem resultierte aus den Lehren Calvins eine ganz besondere Wirtschaftsethik, nämlich des Erwerbs um des Erwerbs willen. Dieses puritanische Prinzip des auf Sparsamkeit und Investition basierenden Wirtschaftens setzte sich besonders in England und später den amerikanischen Kolonien durch und bildet die Grundlage für den modernen Kapitalismus, der sich spätestens seit der Industrialisierung in der abendländischen Gesellschaft durchsetzte.

3. Fazit

Wie besonders die Ausführungen im vorangegangenen Kapitel 2.3 belegten, hatte die Reformation im Sinne der Spaltung der christlichen Kirche auf Europa in mehrerlei Hinsicht einen prägenden Einfluss. Dabei muss man natürlich feststellen, dass die Umwälzungen der Reformation selbst ihre Vorläufer in der Ankunft der Neuzeit haben. Diese Ursachen und Randbedingungen der Reformation, ausgehend vom Wirken Martin Luthers wurden im Kapitel 2.1 eingehend erläutert. Der Punkt 2.2 dieser Dokumentation fasste den wesentlichen Verlauf und die wichtigsten Ereignisse der Reformation knapp zusammen. Dabei wurde deutlich, dass der Erfolg der Bewegung besonders darin begründet war, dass Kaiser und Papst die reformatorischen Strömungen angesichts außenpolitischer Bedrohungen womöglich unterschätzten. Erst, als der lutherische und der calvinistische Protestantismus Europa bereits erobert hatten, trat die römisch-katholische Kirche zur Gegenreformation an. Diese hatte zwar Erfolg, die weit reichende konfessionelle Spaltung und die Machtausdehnung der protestantischen Fürsten aber konnte sie nicht mehr verhindern. Gerade für die deutsche Geschichte hatte dies Auswirkungen, denn hierin begründet sich die bis zur Reichsgründung 1871 betriebene Kleinstaaterei, die Deutschland im europäischen Machtwettstreit lange Zeit weit zurückwarf. Vor allem aber legte die Reformation mit ihrer Loslösung von der alles beherrschenden Macht der Kirche, den Grundstein für die europäische Aufklärung. Staat und Religion wurden erstmals als voneinander getrennte Dinge betrachtet. Das Handeln des Menschen im Diesseits wurde wichtiger, Politik und Ökonomie lösten sich von kirchlicher Bevormundung. Auch die politische Gestalt des heutigen Europas ist immer noch sehr geprägt durch die Reformation, sei es durch Grenzziehungen entlang konfessioneller Grenzen, wie z.B. zwischen den Niederlanden und Belgien, oder sei es durch Konflikte, wie dem in Nordirland, in dem immer noch die alten Kämpfe zwischen Katholiken und Protestanten ausgetragen werden. Die Reformation, so muss man wohl sagen, hat Europa grundlegend verändert und bis heute sichtlich geprägt. Denn exakt die Spaltung der Kirche, die damals noch grundlegenden Einfluss auf Politik und ebenso das alltägliche Leben und Handeln der Menschen hatte, veränderte die Gestalt Europas so tief schürfend, dass die Auswirkungen dieser Spaltung noch heute spürbar sind. Dies äußert sich zum Beispiel auch in der für die Bundesrepublik Deutschland so typischen föderalistischen Struktur. Im Gegensatz zum stark zentralistisch geprägten

Frankreich, haben die einzelnen der insgesamt 16 Bundesländer einen viel größeren politischen Handlungsspielraum. Dieser begründet sich zum Teil auch immer noch in den religiösen Mentalitätsunterschieden, welche die Reformation hervorrief. Die noch heute bestehenden Vorurteile mancher Bayern gegenüber den Preußen (also dem kühlen, protestantisch-zackigen Norddeutschen) und natürlich auch anders herum, sind Rückstände einer durch die Reformation geprägten Spaltung. Diese zog sich nicht nur durch Deutschland, sondern durch ganz Europa. Darin besteht wohl das wichtigste Erbe der Reformation für die weitere europäische Geschichte.

4. Methodischer Teil

4.1 Thema

Das Thema „Wie hat die Reformation Europa verändert" interessierte mich aus folgenden Gründen. Die Reformation bildet nicht nur in der deutschen, sondern auch in der europäischen Geschichte ein Ereignis von herausragender Bedeutung. Mit der Reformation brach Europa endgültig aus dem düsteren Mittelalter auf in die Neuzeit.

Besonders spannend fand ich bei der Wahl des Themas, dass die Reformation, die ja eigentlich nur auf religiöse Neuerungen aus war, bestimmte politische Prozesse in Gang setzte, welche die europäische Geschichte in ihren Grundfesten erschütterte. Daher wollte ich der Frage auf den Grund gehen, inwieweit das historische Ereignis der Reformation sich noch auf das heutige Europa auswirkt. Besonders schwierig fand ich bei der Themenwahl den Aspekt, dass man im Grunde genommen nicht exakt bestimmen kann, wo die Reformation beginnt und wo sie endet. Zuerst musste ich mich also auf einen bestimmten Zeitraum begrenzen. Am plausibelsten fand ich hier den Anfang mit Martin Luther und den Ereignissen in Wittenberg, da das Ereignis des Thesenanschlags noch heute in protestantischen Gegenden als Reformationstag gefeiert wird. Trotzdem fand ich es wichtig, auf bestimmte Ursachen und Vorbedingungen einzugehen, ohne die die Reformation niemals stattgefunden hätte. Daraus leitet sich auch das erste Kapitel ab, in dem ich knapp aufzeigen wollte, in welchen historischen Zusammenhängen die Reformation des 16. Jahrhunderts gesehen werden muss. Als zweite große Schwierigkeit erwies sich nun die unglaubliche Komplexität des historischen Reformationsprozesses. Denn diese spielte sich ja nicht nur in Wittenberg ab, sondern breitete sich von hier aus in mehreren Wellen und in verschiedener Intensität aus. Außerdem spielten die verschiedenen reformatorischen Bewegungen in einzelnen Ländern eine völlig unterschiedliche Rolle. In manchen Gegenden setzte sie sich von Anfang an durch, in manchen Ländern war sie über Jahrzehnte und zum Teil noch länger sehr umkämpft, da verschiedene Parteien mit zum Teil völlig unterschiedlichen politischen oder religiösen Interessen aufeinander trafen.

Bei all dieser Unübersichtlichkeit und Komplexität finde ich, dass es mir recht gut gelungen ist, die wichtigsten Etappen und Ereignisse der Reformation herauszuarbeiten. Denn unmöglich kann man in einer Dokumentation mit einem

Umfang von nicht mehr als zwölf Seiten das ganze historische Ausmaß umschreiben. Daher habe ich versucht, bei der Auswahl der Themen und der zu erörternden Punkte immer die Fragestellung im Auge zu behalten. Und so habe ich die Inhalte dieser Dokumentation immer wieder auf die Frage hin untersucht: Warum spielte die Reformation für die historische Entwicklung Europas eine entscheidende Rolle. Deswegen gliedert sich die Dokumentation auch in den drei Etappen: Vorläufer und Ursachen der Reformation; Verlauf/Strömungen und Ergebnisse; sowie das abschließende Fazit, in dem dann deutlich gemacht wurde, welche Auswirkungen die Reformation auf die europäische Geschichte hatte.

4.2 Literatur

Am Anfang arbeitete ich alte Schulaufzeichnungen zum Thema Reformation durch, um mir einen groben Überblick zu verschaffen. So konnte ich schon mal die Hauptaspekte und die wichtigsten Ereignisse bestimmen. In einem zweiten Schritt recherchierte ich im Internet, inwieweit sich die Geschichtswissenschaft schon mit der Frage nach den Auswirkungen der Reformation auf die europäische Geschichte beschäftigt hat. Dabei fand ich heraus, dass zwar eine unglaubliche Anzahl von historischen Untersuchungen zu dem Thema existiert, aber nur wenige Bücher genau auf die hier gestellte Fragestellung eingehen. Außerdem musste ich feststellen, dass viele Bücher über die Geschichte der Reformation sehr detailliert auf theologische Fragen eingehen. Für deren Verständnis fehlte mir oftmals das Wissen. Daher habe ich mich im Endeffekt zum größten Teil auf Quellen aus dem Internet und auf allgemeine Geschichtsbücher gestützt. Die Bücher zum Thema fand ich hauptsächlich in den Stadtbibliotheken Tübingen und Pfullingen, auch wenn deren Auswahl etwas zu wünschen übrig ließ. Immer wieder zog ich auch historisches Kartenmaterial hinzu. Als besonders hilfreich erwies sich hierbei der Band „Historischer Atlas Deutschland" von Manfred Scheuch, der die sehr detaillierten Karten durch übersichtliche Texterläuterungen veranschaulicht und dadurch in den geschichtlichen Zusammenhängen verständlich macht.

4.3 Schreiben

Im ersten Arbeitsschritt erarbeitete ich die Gliederung, um mich bei der Literaturrecherche von Anfang an auf die wesentlichen Aspekte konzentrieren zu können. Nachdem ich über mehrere Wochen genug Material zusammengetragen und mir einen ausreichenden Überblick verschafft hatte, begann ich mit dem Schreiben der Dokumentation. Da ich bereits zuvor mit dem Textverarbeitungsprogramm Word gearbeitet hatte, bereitete die Anwendung kaum Probleme. An der eigentlichen Dokumentation arbeitete ich mehrere Wochen. Beim Schreiben legte ich großen Wert darauf die Zusammenhänge des Themas in eigenen Worten zu schildern. Zitate baute ich nur sehr vereinzelt ein. In der Einleitung habe ich mit Absicht keine Zitation angegeben, weil ich auf schon vorhandenes Wissen zurückgegriffen habe. Am Ende ging ich den fertigen Text noch einmal durch und legte ihn auch Bekannten vor, von denen ich wusste, dass sie ein gutes Gespür für Sprache und historische Zusammenhänge hatten. Deren Anmerkungen und Verbesserungsvorschläge arbeitete ich in einem letzten Arbeitsschritt in die Dokumentation ein. Zum Abschluss verfasste ich den methodischen Teil dieser Arbeit, in dem ich meine komplette Arbeitsweise darstellte und hinterfragte. Dabei wurden mir bestimmte Fehler klar, die ich besonders im ersten Arbeitsschritt, der Recherche und Literaturauswahl machte. Mir wurde klar, dass ich zum Verlauf der Reformation viel zu viel Material hatte und zu den Auswirkungen der Reformation viel zu wenig. Bei der nächsten Dokumentation werde ich versuchen, von Anfang an, gezielter und ökonomischer nach relevanter Literatur zu suchen. Trotzdem finde ich die von mir relativ intuitiv gewählte Arbeitsweise recht gelungen, auch wenn womöglich am Schreib- und Sprachstil noch etwas gefeilt werden könnte.

5. Literaturverzeichnis

Gedruckte Quellen:

Leppin, Volker: „Das Zeitalter der Reformation. Eine Welt im Übergang."
Darmstadt: Konrad Thessis Verlag 2009

Müller, Helmut M.: „Schlaglichter der deutschen Geschichte. Sonderausgabe für
die Landeszentralen für politische Bildung." Mannheim: Brockhaus Verlag 2002

Scheuch, Manfred: „Historischer Atlas Deutschland. Vom Frankenreich zur
Wiedervereinigung. In Karten, Bildern und Texten." Wien: Brandstätter Verlag
2008

Schulze, Hagen: „Kleine deutsche Geschichte. Mit Bildern aus dem Deutschen
Historischen Museum." München: Verlag C.H. Beck 1996

Stupperich, Robert: „Die Reformation in Deutschland". München: Deutscher
Taschenbuch Verlag 1972